사과꽃이 온다

J.H CLASSIC 094

사과꽃이 온다

한현수 시집

지혜

시인의 말

꽃이 피면
너에게 할 말이 있어서 좋다

오늘은 꽃피는 느낌이 궁금해서
문자를 넣는다

오랜만이다
꽃이 피는 삶이
곱다!

2023년 가을 초입에 여주 무이숲에서
한 현 수

차례

시인의 말 —————————————— 5

1부

아침 ————————————— 12
사과꽃이 온다 ————————— 14
말의 맛 ———————————— 15
비의 뒷모습 —————————— 16
눈에 꽃이 펴요 ————————— 17
나무는 집 ——————————— 18
가을 볕뉘 ——————————— 20
청둥호박 ——————————— 21
적는다 ———————————— 22
폐가 —————————————— 23
좋다니까 꽃피는가 봐요 ————— 24
홍시 —————————————— 26
꿀꺽 —————————————— 27
빈래소귀 ——————————— 28
과 —————————————— 29
대추꽃 ———————————— 30
첫 기억 ———————————— 31
처방을 베끼다 ————————— 32

빈 자리	34
때	35
넝쿨장미	36
나비난초	37
부레옥잠	38
능소화	39
아내의 정원	40
속도	42
하늘 저편	43
우듬지	44
봄달	45
맥문동	46
벽화	47
아름다운 것이 슬픈 것을 남겨요	49
별이다	50
얼음새꽃	51
탱자꽃	52
달은 하나다	53

2부

사과나무 아래에서 — 56
노랑어리연꽃 — 57
메아리 — 58
피어라, 꽃 — 59
경원동 저녁 — 60
오타 — 61
결혼 — 62
주머니 — 63
요실금 — 64
싸락눈 — 66
첨성대 — 67
수종사 — 68
백야 — 69
라떼는 말이야 — 70
이태원 농담 — 71
연리목 — 72
버스킹 — 73
메리 크리스마스 — 74
가장 슬픈 이름 — 75
간판 — 76
고흐의 감자 먹는 사람들 — 77
성찬 — 78
폭설 — 79

봄	80
봄비를 먹다	81
모과꽃	82
손의 물결	84
율동 공원	85
청소부 가라사대	86
겨울나무	87
씀바귀	88
사랑의 탄생	89
처음처럼	90
양말	91
여물통	92
나이테역	93
고양이의 문	94
응	95
도끼	96
기도	97
이코노미 아일시트 — economy aisle seat	98
House of Blessings	99
요나스코프	100

해설 • 존재의 배후, 혹은 위대한 수동성 • 황치복   101
— 한현수, 『사과꽃이 온다』의 시세계

• 일러두기
　페이지의 첫줄이 연과 연 사이의 띄어쓰기 줄에 해당할 경우 >로 표시합니다.

1부

아침

1
나무에서 새소리가 들리고
나뭇잎 하나 가만히 내려앉는다

저게 화음이 아니면 무엇인지

2
그믐빛이 아득하게 하늘에 스며들었다

작은 소리도 멀리 가는 아침은
깊어지는 것인지

3
바람이 불어 연못에 물주름이 일어난다

누군가 말하는가 싶어
가만히 귀를 열어두었다

4
아침은 막 열린 꽃잎으로

얼마나 맑아지는지

비 오는 날, 흩어졌던 꽃잎들이
추상화를 남긴다

5
이슬을 앞세우고
아침은 심장이 뛰듯 달려온다
사랑하는 사람에게 벌써 닿아 있다

수련처럼 눈빛은
설레는지

사과꽃이 온다

 어느 산골 마을 농부는 사과꽃이 핀다고 말하지 않고 사과꽃이 온다고 말한다 사람이 오는 것처럼 저만치 사과꽃이 온다고 말한다 복을 빌어 줄 때도 너에게 사과꽃이 온다고 말한다 하늘이 열리길 바라는 것처럼 사과꽃을 말한다 정성을 다했는데 사과꽃이 오지 않으면 한 해 쉬어 가라는 뜻이라고 말한다 보내 주는 분을 아는 것처럼 사과꽃을 기다리고 사과꽃의 배후를 말한다

말의 맛

  그런데 말이야 아리스토텔레스의 유골함 주위를 벌 떼가 맴돌았다지 사람들은 그가 죽어서도 꿀내가 나는 이유를 말의 맛 때문이라 생각했겠지 그래서 그의 **뼈**가 묻힌 곳을 아리스토텔레이온이라 이름 짓고 모이는 장소로 삼았다지 사실은 보이는 것과 보여주는 것에 능숙한 그에게 지혜를 구하고 그의 말을 맛보고 싶었겠지

  그런데 맛이야 세월이 지나도 변하지 않는 말의 맛, 그게 궁금했겠지 지금도 사람들이 꿀벌처럼 모여 꿀맛같은 답을 찾으려 하겠지 답답하면 무덤에서 벌떡 일어나 꽃으로 보여주는 그에게 꽃으로 말하려는 그에게

비의 뒷모습

　밀양에 갔어요 비 오는 날이었어요 비구름에 도시의 둘레가 지워지고 있었어요 호텔 유리창으로 좁혀진 도시의 안쪽 풍경이 들어왔어요 우린 비긋길 기다렸다가 모감주나무가 서있는 강변을 걸었어요 밀양강은 아리랑 선율처럼 흐르고 쉼표 같은 해바라기가 강물에 빗물을 떨구고 있었어요 우린 시장에서 토렴한 아리랑 국밥을 먹고 도시 바깥으로 마실갔어요 케이블카를 타고 산에 올라 아직 도시로 배달되지 않은 꽃구름을 만났어요 구름을 묘사하려면 서둘러야만 한다는 쉼보르스카의 말이 떠올랐어요 하늘정원이란 팻말 뒤로 숨어있는 풍경의 깊이를 상상하며 서있었어요 갑자기 머릿결 흩날리는 여자가 바람을 읽고 있는 나무 같았어요 산에서 내려와 얼음계곡이 만들었다는 사과를 먹으며 우린 입에서 사과 깨지는 소리를 주고 받았어요 천문대에서 구름이 걷히길 기다렸어요 마침내 우주망원경으로 불타오르는 태양을 보았어요 흑점은 여자의 뒷목에 박힌 점만큼 예뻤어요 안내자는 새무룩한 날씨에 우리가 운이 있다고 했어요 우린 지구보다도 큰 흑점이 누구의 뒷모습일까 생각했어요

눈에 꽃이 펴요

　윗눈썹과 아랫눈썹 사이에 봄빛이 글썽이는 날, 바라보는 곳마다 어머니가 씨앗으로 떨어졌나 봐요 눈에 꽃이 펴요 눈에 꽃이 가득해져요 빈 들을 보기만 해도 노을을 보기만 해도 어머니가 주고 가신 눈에 꽃이 펴요 씨앗으로 떨어진 어머니가 썩어져 없는 손으로 꽃대를 밀어내나 봐요 그믐처럼 무너져 내린 가슴으로 꽃향기를 흘려보내나 봐요 겨울로 들어가신 어머니, 이제 당신은 봄인가요 어머니를 부르기만 해도 꽃이 펴요 눈에 꽃이 펴요

나무는 집

빛을 기다리는 카페 같은 집은
빛을 모아 꽃을 만드는 마법을 부리지

삼시 세끼 이야기를 빚어내고 있지

꽃잎으로 눈물을 닦고
꽃잎으로 뒷물하는 집

있을 때 잘해 죽으면 뭐해
가족처럼 말없이 서로 마음을 도닥이지
아무렴 흉흉해도 꽃을 지우고 선물을 남기지

새들에게 어깨를 내어주고
바람이 이름 하나씩 불러내면
감추지 못하고 뒤척이지

처마가 있고 고드름이 피리처럼 열리는
그런 옛집이 되어가고
세 들어 사는 풀꽃이 동화를 읽지

＞
결국 울어도 웃어도 다 들리지
계세요? 불러보고 싶은 집

그림자 하나씩 키우고 살다가
섬이 되어가는 집

별의 집
달의 집

죽어서 자신의 무덤이었다가
마지막 누군가의 집

가을 볕뉘

가을은 저물고
어쩌지 못해 그냥 있는 아침

스윽, 낙엽이 내 곁에 내려앉는다
무엇을 말하였나 싶은데

손등에 기대어 있는
구멍난 뒷모습이 따뜻하다

청둥호박

꽃은 저물었으니 여물어야지
모양은 그게 그거, 다들 비슷해진다
함께 늙어갈 여유가 넉넉해지면 좋겠다
잘 익어야 한다

적는다

보고 싶다고 말하지 않고

안녕,
적는다

당신의 이름처럼 적는다

풀꽃 작은 둥지마다
흰 서리 같은 시간이 내려앉는다고

말하듯 안녕,

당신의 빈 자리에
적는다

폐가

발자국이 발자국을 더듬고 있을 때
봄비는 풀잎을 만진다

봄비는 나 보다 먼저 흘러내린다

잃어버렸던 목소리로
말을 걸어 온다

어떤 시가 되고 싶은지

좋다니까 꽃피는가 봐요

죽은 줄 알았던 인동초가
점점이 잎을 내미는 순간, 당신은
좋아요! 라고 말하더군요

인동초에서 빛이 탄생하고 있으니까요

하늘을 가득 채우는
새들의 군무를 지켜보던 것처럼
당신의 얼굴에도 빛이 탄생하고 있어요

좋아요,
그건 빛이 오는 걸 숨길 수 없는 말

좋아요 좋아요 말할수록 세상은 더 밝아져요

처음으로 빛을 만드신 하나님이 그랬다니까요
마침내 눈 앞에 아침이 도착했으니까요
어떻게 표정까지 숨길 수 있겠어요

좋아요 좋아요 말을 멈출 수 없었겠지요

그래서 꽃이 만들어졌나 봐요
좋다니까 꽃피는가 봐요

좋아요
좋아요 꽃!

홍시

 더는 기다려 주지 않아요 붉어진 그대로 단단하게 있었으면 했는데 껍데기로 질기게 버텨주었으면 했는데 무르게 하는 힘을 견뎌낼 재간이 없나 봐요 이때부터 맛이란 감정이 이입될 틈을 주지 않아요 균형에 생채기가 나고 주저하고 있을 때 그걸 끌어당기는 힘에 흘러내리며 주저앉아요 자비란 없어요 꽃에서 시작된 내공의 매혹과 굴욕이 맞물려 있어요 시간이 가만 두질 않아요 똘기에서 세워진 도도한 꼭짓점을 내려놓는 것 보세요 먼저 무너져 내린 것은 형식이에요

꿀꺽

 곡기 끊었던 늙으신 어머니가 꿀꺽, 어렵게 죽 한술 넘기시는데요 어머니는 표정 없이 빈 수저만 바라보고요 막내딸 얼굴에 꽃봉오리 눈물지는데요 꿀꺽, 소리는 귀에서 쉬 비워질 것 같지 않습니다

 어머니 엉덩이에서도 오랜만이야 인사말처럼 꿀꺽, 노랑꽃 피는데요 고개 하나 넘어가셨네요 어머니에게 봄이 왔나 봐요 꿀꺽, 병실 유리창에 산수유꽃이 부끄럽게 흐드러집니다

빈래소귀*

아픔 하나씩 가지고 와서 글씨를 읽는다

빈嚬, 첫 글씨가 너무 어렵다고 글씨처럼 찡그리는 모습을 보다가

어느 서예가가 세상을 뜨기 전 흙빛 목판에 풀씨처럼 글씨를 새겼다는 것과 그것이 진료실에 걸리게 된 사연을 이야기하다가

의사가 먼저 웃는다

풀꽃처럼 자라나는 글씨, 마지막까지 한 번이라도 더 웃으려던 고인의 마음이 느껴지는 것이어서

목판에 눈길을 주는 젊은이는 없고 글의 씨앗을 얻어가는 것은 죽음과 가까운 사람들뿐이어서

소리 내어 읽으며 웃음을 주문하는 동안 찡그리고 있는 혀가 움직이는 것이어서

* 嚬來笑歸, 징끄리고 왔다가 웃으며 돌아간다

과

  당신과 나 사이에 있는 것입니다 별이 무성한 우주도 아니고 물결 일렁이는 바다도 아닙니다 외로운 섬은 더욱 아닙니다 그건 당신과 나 사이에 만들어지는 이야기입니다 서로 마주보게 하는 이야기입니다 도도하게 혹은 외롭게 바른 자세로 앉아 속삭이듯 기억을 불러오며 어색한 기운을 한 겹씩 벗겨내는 촛불 같은 이야기입니다 조금씩 닳아 없어지며 빛을 토해내는 이야기입니다 당신과 나를 잇는 징검다리처럼 건너가고 건너오게 하는 이야기입니다 달팽이의 걸음으로 때론 새의 날갯짓으로 작은 것으로 큰 꿈을 꾸게 하는 이야기입니다 세상의 문을 열어주는 이야기입니다 견고한 음성으로 하찮은 것부터 진중한 것까지 새롭게 쓰여지는 이야기입니다 새롭게 쓰여져야 하는 이야기입니다 어두운 곳에서 잘 쓰여지는 이야기입니다 당신과 나 사이에 그건 강력한 이야기입니다

대추꽃

대추가 익어갈 때면 그런다
저 자리에 꽃이 있었던가
아닌 듯 꽃이
없는 것처럼 핀다

첫 기억

하얀 한복을 차려입은 외할머니가 문지방을 넘어와서 어디선가 사탕 한 줌 꺼내준다 이건 내게 있는 기억 중에서 첫 기억이다 앞뒤 배경도 없고 목소리도 남아 있지 않은 서너 살 무채색 흔적 하나, 까만 바탕에 하얀 글씨로 쓰여진 듯 기억은 짧고도 멀다 흔적은 딱히 마음 붙일 곳 없을 때 궁금해진다 어머니가 햇볕에 기대어 바느질하다가 외가집을 떠올릴 때면 그랬다 그건 사진첩을 보다가 어느 사진에 시선이 멈추는 것과 같다 고창 산골에서 전주까지 긴 외출이었을 처음이자 마지막 방문, 아마 맑은 날이었을 것이다 신작로에서 골목길로 들어오셨을 것이다 집을 지키는 벽오동나무 밑을 지나셨을 것이다 장독대를 지나서 마루에 보따리를 내려놓아야 하는 외할머니는 내게 없다 꼭 껴안아 주며 이쁜 내 새끼! 그랬을 기억이 없다 함께 지낸 시간이 몇 일인지 어떻게 작별했는지 더해진 건 없다 다만 첫 기억은 고향집 볕뉘처럼 남아 있다

처방을 베끼다

장청순, 그녀는 의사다. 할머니 의사다. 그녀는 오래전의 처방을 꺼내 쓰는 의사가 아니다. 그녀는 새로운 처방을 원한다. 처방을 단련하는 장소에 그녀는 나무처럼 늘 있었다. 누구보다 먼저 와있었다. 그녀의 처방은 오랫동안 들으면서 만들어진다. 그녀의 처방은 나뭇가지에 돋는 푸른 잎과 같다. 그녀가 아파서 쉬는 날, 난 환자가 건네는 그녀의 푸른 잎을 만져보았다. "똑같이 처방해주세요!" 어느 날 그녀의 처방이 코로나로 멈추었다. 이제 잎을 내지 않는 나무, 아흔이 되도록 하얀 가운이 수의가 되는지도 모르고 수도사처럼 세상에 처방을 내리던 나무, 죽어서도 하얗게 서 있는 나무, 난 그녀를 자작나무라고 생각했다. 그녀와 한동네에 지내면서 말 한마디 섞지 못했다. 하얀 자작나무 숲에 가면 이유도 없이 말이 없어지는 것처럼 그녀와 마주치면 눈인사만 했다. 난 그녀를 처방전으로 이해했다. 처방은 그녀의 몸만큼 가볍다. 비밀이 없고 누구나 이해할 수 있는 이야기다. 단정하게 경청하는 모습 그대로 처방에 스며 있다. 오랫동안 단련된 처방, 그건 자신이 복용하는 것처럼 과하지 않다. 과신하지도 않고 유혹에도 흔들리지 않는 자작나무의 숨결이다. 환자들은 안다. 그녀의 처방을 삶의 책갈피처럼 간직해야 한다는 것을. 그래서 고인의 원본 그대로 처방해 달라는 주문을 고수한다. 의사들은 안다. 조금만 고집이 있어도 안다. 낯선 처방전을 옮겨 적는

일이 곤혹스럽다는 것을. 그러나 그녀의 것은 아니다. 오히려 반갑다. 자작나무가 남긴 푸른 잎이니까.

뒤늦게 그녀에게 말을 건다.

빈 자리

빈 자리란 말 좋지요
꽃은 피어 좋지요
꽃은 피어 하나씩 채워지는 자리
흐드러지게 꽃은 피어
가득해지는 말입니다

아내에게 빈 자리란 말은
어머니래요 꽃을 심는 자리래요
꽃은 피어
눈부시게 그리워지는 말이래요

때

다들 죽어서야 소식을 준다고
때를 찾아간 것 아니냐고
허허 웃는 최씨 할아버지
죽는 때가 많아져서
웃는 때가 많아지는 겨울이 좋다고
하나님은 모든 때를 아름답게 만드셨다는데*
다들 쉽게도 때맞추어 간다고
부럽다고
자신은 자꾸만 때를 넘긴다고 한다

* 전도서 3장

넝쿨장미

  담장에 비스듬히 지지대로 넝쿨에게 길을 내어주고 꽃이 오는 자리를 찾아주면서 자기야 그래도 자연스러운 게 좋지 않을까 우리가 넝쿨의 어린 가시를 붙들고 머뭇거리던 이유를 넝쿨은 안다 넝쿨은 어떻게 표현하고 싶어 할까 넝쿨에게 물어보고 넓게 뻗어나가도록 가지를 옆으로 벌려주면 꽃을 많이 터뜨린다는데 우리도 손을 잡고 그런 모양을 하면 사랑이 만들어질까 우리는 꽃의 첫걸음이 사랑 때문이라 생각하고 가끔씩 가까이 가서 우리만의 이야기를 모으는 동안 몇 번의 어둠을 털어내고 벙글어 꽃잎은 귓속말이 되고 눈웃음이 되고 우리는 서로에게 기대어 우리도 한때 넝쿨이었음을 알게 되고 그래서 사랑한다 말하게 되고

  그래, 사랑이 태어나고 있어

나비난초

난꽃이 피었다 지는데
초승달처럼 휘어지는 꽃대,

아침에 새끼를 낳고
저녁에 새끼를 낳고
자다가도 열리는 산도產道가 된다

치렁치렁 새끼를 매달고 있다

여자는 새끼의 울음 소리를 듣다가
늘어진 탯줄을 잘라내고
배꼽을 만들어 주었다

부레옥잠

물속에서 나와 걸음마를 하고
달빛에 잠겨 있길래

이쁘네, 혀끝에 쉽게 걸린 꽃말을
삼키진 못하고

내게도 여름날이 하루뿐이라면
눈짓으로만 말했는데

꽃잎이 물잠자리처럼 내려앉았네

능소화

떨어진 꽃잎에서 행여
파릇한 눈자위 보거든
사랑할 수록
스스로 깊어가는 강물의 바닥,
아픔에 닿을 것 같아
차마 못다한 사랑
눈 감지 못한 꽃을 보거든
나도 사랑의 덫에 갇혀
왈칵, 허물어지지는 않을지
담 밑에 뒹구는 꽃잎을 주워
가슴에 가져가 보는 주홍빛 사랑
내게도 그런 시절이 있었지

아내의 정원

어제와 비슷한 풍경을 보며 또 하나 얘깃거리를 만들어가요
거듭 시선을 바꾸어가며

손때 묻은 햇살 하나
바람이 남긴 것 하나

화가 수도사가 붓질하는 것처럼 모든 이름을 낯설게 만들어요

비 오듯 물을 뿌려주고 초록으로 노래하게 해주어요
물방울 매달린 꽃잎에게 다가가 안부를 물어요 거울을 보듯

새가 있던 나뭇가지
눈 오는 것처럼 고요가 들고

빛이 감싸주던 느낌으로 붉은 장미가 자라나고
마침내 빛만 남아 기억 속에서 뒹구는

계절, 아직 남은 계절이 오고요
한 그루의 이야기와 한 그루의 시

\>
나이테 그려 넣듯 어느덧 늙어가는 여유

속도

'초원의 빛'이란 노래가 있어요 삶의 속도를 늦춰야 할 때 잔디 위에 쉬면서 잔디가 천천히 자라는 속도를 들어보라는데 정말 그럴까요? 잔디 자라는 속도 말이에요

작곡자에게 미안한 말이지만 노래가 한가롭게만 들려요 잔디를 깔아놓고 정원을 꾸며보면 알게 되지요 자라는 소리가 잘 들립니다 미친 속도로 움직여요 떼창하듯 금세 수북해져요 별빛 쏟아지는 날엔 뭔가에 반응하고 있는 것만 같아요

그뿐일까요 잔디 사이로 온갖 풀씨들 날아와 위치 잡는 것 함 보세요 정원에 탯줄 잇대는 소리들 우주를 향해 솟구치는 저 속도 막을 수 있을까요? 이들이 모두 내게 말을 걸어 와요 정신을 차릴 수 없어요 무슨 말인지 모를 이야기를 쑥쑥 꺼내요

* Splendor in the grass(초원의 빛)

하늘 저편

오늘은 천둥으로 잠을 깨우네요

뭐가 부족한지 저리 큰 것으로 흑백영화처럼 쿵쾅쿵쾅 남겨진 어둠을 쪼개고 있어요 희미한 기억을 흔들어 대며 발자국 내달리는 소리 같아요

다시 잠을 청하는 동안 유리창으로 낯선 시간을 흘려보내고 어제부터 시들어 가는 하젤장미의 숨은 미소를 훔치네요

비스듬히 벽에 기대어 있는 키타를 깨우고 싶어 머뭇거리는 걸 알아요

Yes뿐 아니라 No가 있고 사랑 권력 모든 걸 가진 당신,
숨죽이며 수축하던 나의 작은 심장을 끌어당기네요

어머니와 같은 손으로 새벽 비를 거두고 어디선가 닭울음 소리를 찾아내더군요

우듬지

새가 앉아 있어요
꽃노을이 마지막에 머무는
끝,

흔들려요

바람도 달빛도
물머리처럼 휘청이고 있어요

새가 날개의 힘을 빼고
편안해져요

절벽처럼 느껴지는 끝에서
새가 웃고 있어요

봄달

섬을 보듯 달을 본다
너무 멀리 와서 돌아가지 못하고
두 손을 모으는 것만으로
가장 아름다운 말이 자라나는 곳
언제나 봄이야, 아프지 마라
꽃말이 지는 그믐이 되기까지
가장 많은 사연이 파도처럼 도착하는 곳
삶이 서툴고 사람이 멀어지는 날엔
외로움을 제 몸처럼 밀고 당기는
달을 본다

맥문동

9월이 오면 꽃이 되는 말을 생각한다

보랏빛으로 일어나 곰솔숲이 가득 채워지는 것처럼
스며드는 바닷바람에 흔들리는 마음 들키는 것처럼

사랑하기 좋은 9월이 오면
꽃으로 피어 둘레가 되는 말을 생각한다

우리가 저만큼씩 서있기만 해도
세상이 물드는 것처럼

벽화

한 줌 담쟁이덩굴을 심고
넓은 벽을 어떻게 채우나 기다리는 것인데

채움이 비움의 속도를 넘지 못해요 달쪽으로 길을 열던 담쟁이덩굴이 벌레에게 어린 잎을 모두 잃었어요 자식 먼저 보내고 벽을 붙들고 서있는 어미의 뒷모습처럼 보였어요

뼈를 갉아먹는 듯한 소리가 들렸어요
죽은 것처럼 있는 건 뭔가 환한 예감

죽은 것과 살아있는 것이 공존하는 벽,
눈길을 어디에 둬야 할 지 망설이게 되요

담쟁이덩굴의 경이로운 눈으로
붓끝을 밀고 가는 상상을 하는데

그렇게 한 발자국씩 새기듯 건너가면 되는가 봐요 점령군처럼 전진하던 벌레가 머뭇머뭇 여름을 건너지 못하고 여백으로 사라지는 날

>

저기 끝자락에 한 잎, 가을로 건너가는 발걸음이 오롯이 살아 나고 있었어요 이제 맘껏 낙서해도 좋은 시간

벽화가 탄생하고 있었어요

아름다운 것이 슬픈 것을 남겨요

 오래전의 숲이었어요 하얀 나비들이 눈보라처럼 춤추는 날이었어요 구절초가 나비 되어 날아다니는 줄 알았어요 나무들 사이로 선율이 흐르듯 합창하는 숲이었어요 병꽃이 피아노 건반처럼 산길 따라 펼쳐있었어요 물봉선은 물가에 음표처럼 흔들거리고 있었어요 문득 어느 잡지에 올리고 싶은 풍경이었어요 그러나 정말 아름다운 것은 사진으로 담을 수 있나요 저들에게 방해만 되는 걸요 보기만 하고 기다려 보았어요 숲은 숲이 원하는 것만 보여 주기에

 하얀 나비가 오후를 끌고 모두 바닥으로 내려앉은 날, 숲을 보았어요 연주회 끝에 리플릿이 뒹구는 공연장 같았어요 숲의 시간에 기대어 있을 수밖에요 나비는 나를 침묵으로 밀어넣었어요 눈송이를 밟는 듯 하얀 나비 위를 걸었어요 그건 천사의 아픈 날개에 있는 느낌! 아름다운 것이 슬픈 것을 남겨요 정말 슬픈 것은 사진으로 담을 수 있나요 저들에게 방해만 되는 걸요

 그때가 생각나 숲을 찾아갔지만 오래전의 숲을 찾지 못했어요 어디로 숨은 걸까요 나비의 기억이 맞는 걸까요 숲이 나를 잊어버린 걸까요 내 마음에 숲이 하얗게 남아있는데도

별이다

　별이다 온통 별이다 쏟아지는 별이다 누군가 미쳐야 만들어지는 별이다 눈을 뜨게 하는 별이다 눈을 감게 하는 별이다 마음을 열어주는 별이다 마음에 오고 있는 별이다 지금 지금이 반복되는 시계판의 수많은 찰나들 가운데 매 순간 태어나는 별이다 벌거벗은 별이다 아무것도 가지고 있지 않은 별이다 아무것도 없어 빛을 가지게 된 별이다 꽃다발처럼 빛을 안겨주는 별이다 빛을 채워 주는 별이다 주고도 마르지 않는 별이다 슬픔을 찾아가는 별이다 슬픔을 만져주는 별이다 궁금한 별이다 궁금해서 뒤적이는 별이다 골목을 서성이는 별이다 호수에 낙엽처럼 떠있어 보는 별이다 들풀 옆에 가만히 있어 보는 별이다 심장이 뛰는 별이다 심장을 뛰게 하는 별이다 사랑하는 별이다 사랑하게 하는 별이다 바라보는 나만큼 생각하는 별이다 바라보는 저만치 생각하게 하는 별이다 지금 이 순간 나는 탄생하는 별이다 나는 별이다

얼음새꽃

모진 겨울의 껍질을 뚫고 나온
핏기 어린 날갯짓을 봐
아직 봄이 아니라 할 때
나긋나긋 바람을 흔드는 것을
햇살 한 모금에 터지는 신의 웃음을
낙엽 더미의 굳은 목청이 풀어지고
마른 뼈들 살아 굼틀하는 소리,
산을 들어 올리는 저 생기를 봐

탱자꽃

어제 보이지 않던 탱자꽃이 보여요
가시 옆에 꽃잎 흐트러짐 없이

지난밤에 몸부림이 있었나 봐요

탱자꽃 울타리 앞에서 눈을 감으면
가시와 가시 사이로 목소리가 들려요

꽃으로 오는 당신,

기억에 머물던 자리 그만큼
오늘은 탱자꽃이 보여요

달은 하나다

케이프타운에서 초승달을 보았습니다
그믐달이 있어야 하는 아침에 말입니다
초승달이 그믐달처럼 하늘에서 지고 있다니요
잠시 괄호 닫고, 쉿
해가 동쪽에서 떠서 서쪽으로 지는 것 말고
여기서는 알고 있는 것과 반대입니다
나의 반대쪽이 옳을 수 있습니다
살며 그걸 간과했습니다
우린 같은 것을 보고
다르게 이야기하는지 모릅니다
너와 내가 그렇게 갈라집니다
피 터지게 싸우기까지 합니다
전쟁을 멈춰야 합니다
달은 하나다, 외치면서 말입니다

2부

사과나무 아래에서

눈을 감고 가만히
너의 이름을 불러 본다

입술에서 이름이 나올 때마다
나는 조금씩 순해지고
마음이 따뜻해진다

이내 눈시울에 꽃이 피고
너의 이름 대신
사랑한다, 는 말이 나온다

노랑어리연꽃

별은 빗물처럼 내려
누군가의 이름으로 꽃이 되고
꽃은 새처럼 날아
누군가의 이름으로 별이 되었다
비 오고 꽃 지는 가을날에
풀벌레들 그리 섧게 울고
연못에 풀빛방울만 일렁인다
노랑어리연꽃 품에 작은 별 하나
내 마음에 꽃처럼 지고 간
잊혀진 이름 하나

메아리

치매 앓는 어머니 입 앞에 수저가 멈추어 있다
머리 희끗한 아들이 먼저 입을 크게 벌린다

아—

어머니도 입을 벌린다
육십 년 넘어 되돌아온 당신의 메아리를 먹는다

피어라, 꽃

꽃이 이쁘게 피는 건
꽃대의 몸부림 때문이지

난 너를 꿈꾸는 꽃대

넌 꽃으로 피어라
이쁘게 피어라

피어라, 꽃

경원동 저녁

해종일 놀다가 어스름이 기역자로 번지는 골목길 끝까지 내달리고 개조심이라 끼적여진 양철 대문 안으로 들어서면 아버지처럼 굽어보는 늙은 벽오동 나무 밑에 화르르 하얀 국화꽃이 일고 저녁 짓는 냄새가 목구멍에 감기는데 등대처럼 서 있던 어머니는 으레 앞마당 빨랫줄에 걸린 달을 밝히며 내 새끼 왔냐 땀에 젖은 자식의 하루를 물었다

오타

오늘도 항복하라는 협박성 메세지가 왔다
뒤이어 정정하는 문자가 올라온다
손가락에 살이 쪄서 종종 실수한다고 했다

"네, 항복할게요!" 답장을 한다

항복과 행복, 둘 사이는 가깝기도 혹은 멀기도 하지
어쩌면 같은 말이기도 하지
하나를 부르면 동시에 대답하는 사이

우리는 항복이라 쓰고
행복이라 읽는다

결혼

꽃은 져도 꽃이란 말이 남고
사랑은 언제까지 사랑이란 말이 남고

둘이서 하나를 바라보는 날은 오고

둘의 마음에 하나란 말이 남고
가족이란 말이 남고

어느덧 반복되는 꽃과 같은 일상을
설렘과 감사로 맞이하고

함께 꿈꾸는 것처럼
언제까지 사랑이란 말이 남고

주머니

첫눈이 내리던 날, 화장터에서 두 손을 빠져나간 너는 작은 주머니가 되어 돌아왔다

국화 한 송이와 함께 하얀 너의 몸이 이렇게 작아질 수 있을까 내가 알지 못하는 세계가 궁금했지만

주머니를 열어 볼 수 없었다 주머니는 손난로처럼 따뜻했다 주머니는 너의 냄새도 없었다 주머니는 너의 이름도 없었다 주머니는 움직이고 있었다

오늘은 우리 겨울나무를 찾아가 볼까 겨울나무 밑에서 실컷 놀고 지내렴 봄이면 꽃으로 말해도 좋아

더는 말을 못하고 가만히 놓아 주려고 해도 너는 손 안으로 들어와 놀았다 몸을 부벼대며 손을 핥고 있었다

요실금

집이란 말이 절실해지는 시간

그녀는 준비도 없이 떠오르는 달을 보며
달 속으로 걸어간다

저 마음의 실금은 어쩐다
이미 들켜버린 것을

뒤적뒤적 하산하는 그녀의 뒷모습에서
숨길 수도 없고
숨을 곳도 없음을 안다

모르게 터져버린 3월의 목련은 시렵고
얼굴을 훔쳐 볼까 앞서진 못하고
자꾸만 시선이 닿아 미안하고

언젠가 오는 달이라 하겠지
새어 나온 달빛에도 춥겠지

몇 번이고 속삭이겠지

엄마니까 엄마에게

어서 와, 따뜻한 저녁을 내어줄 게

달의 서랍이 열리고
맑게 개어놓은 속옷을 꺼내올 것 같은 날

싸락눈

싸락눈 밟히는 소리는 심장소리를 닮았다

눈을 감고 들으면
옛날처럼 맑아진다

어릴 적 소년의 감정이 섞이어 있다

쉬 지워지지 않는
귀에 남은 발자국

첨성대

누군가 기도하듯 돌담을 쌓아놓았다
천 번이 넘게 겨울이 다녀가고
외톨이였으나 지금은
별빛 내리던 창문 앞에 휴대폰이 떠다닌다
누군가는 핑크뮬리를
누군가는 억새를 배경으로 삼았다
누구와도 어울리게
둥그런 돌담은 낮은 자세를 취했다
이것은 사실 별들이 한 일이다
밤하늘의 별을 오래 바라보다가
낮은 곳으로 흘러내리는 별빛이 궁금했던 누군가
이내 눈동자에 별이 한 줌 채워지면
스스로 별이 되어버릴까 싶어
돌담 아래로 소원을 묻어두었을 것이다
지진을 견뎌내며 누군가는 별의 노래를 호출했고
누군가는 별을 따라 전쟁에 나갔다
벚꽃철이 오면 누군가
사랑을 하고 이별도 했을 것이다
이제 이름도 없이 누군가의 꽃처럼
어디쯤 가만히 있기만 해도
별의 이야기를 들을 수 있게 되었다

수종사

앞마당에 큰 풍경을 열어두었다

누구나 들뜬 손가락으로 가리키는 것은
둘이 하나 되는 강,

새떼를 몰고 휘돌아 갈 때

다산茶山을 만든 두물머리는 넌지시 두 눈까지 치밀고
난 한걸음 떼었을 뿐인데

첫마디부터 묵언!

마음에서 강 하나씩 일어나게 하라고
바람이 오백 년 은행나무 손끝을 친다

백야

에스토니아 해안도시 합살루에 갔다

늦은 저녁을 먹고 호텔 객실 문을 열자 빛이 쏟아져 들어왔다

바다가 침대에 들어와 있었다 물결이 춤추고 있었다

물결 사이로 마을이 마을에게 건네주는 길이 보였다 출렁거리는 마을

멀리 서로 다른 빛깔의 집 몇 채
물 위에 졸며 떠다니는 듯

우린 몽롱하게 한 곳을 바라보고 있었다

차이코프스키가 휴가 와서 걸었다는 해안에 한 무리의 새들이 솟구치다가 사라지고 있었다

침대 사이로 초승달이 뜨고 밀린 잠이 찾아왔다

라떼는 말이야

봄날 꽃봉오리 터지듯
한꺼번에 수십 개의 똑같은 당뇨약이 출시됐다
자기 회사 잘 봐달라고 하는 얘기들이 똑같다
다들 노랑색 약이라 한다
난감하다 감동이 없다 차별이 있어야지
라떼는 말이야, 약에 대해 시 한 줄이라도 써 보았겠다
약 이름이 심장에 꽉 박히도록 이미지를 만들어 보란 말이다
생각해 봐, 봄에 터져 나오는 노랑색이라
그럼 꽃이네, 노랑꽃을 활용하면 어떨까
얼음을 뚫고 올라오는 복수초처럼
겨울을 밀어내고 봄을 가져오는 꽃의 이미지
그런데 더 절실하면 좋겠다
이 약이 사과나무 뿌리에서 만들어졌다지
내일 지구가 멸망해도
오늘 사과나무를 심는 마음처럼
그거야, 정말 내일이 없다해도
난 오늘 신의 선물인 이 약에 대해 말하겠노라고
그런 간절함이 있으면 좋겠다
라떼는 말이야, 사과나무에 당뇨약이 열리는 꿈을 꾸었겠다
사과를 씹을 때마다
그 약이 생각나게 해보란 말이다

이태원 농담

저건 입김이야
아냐 허공에 걸려있는 이름이야
바보야 골목에 갇힌 꽃이야
밀지마 밀지마……
발바닥이 둥둥 떠다니는 과밀이야
원하는 건 공기야
모두 어디 있는 거야 아직도 안 오는 거야
집에 가야는데
엄마가 보고 싶다는데
지금 너의 손과 발은 어디 있는 거야
정말 우리에게 봄이 또 올까
꽃잎은 겹겹의 슬픈 농담이야
무력하게 헛기침만 해도
뚝뚝, 덩어리채 떨어져 나가는 농담이야
보이거든
들리거든
미치겠어 왜 꽃이 지고 있는 거야
여기서 노래와 춤을 멈춰
저건 차가워지는 가슴이야
가슴이 눌리고 있는 젊음이야

·

연리목

고단한 하루가 지나고
늦가을 마른 뿌리 같은 발등 위로
세번 째 발이 포개진다

발이 차다고
너의 발이 되어 주겠다고

버스킹

깡통이
굴러다니며
달빛을 연주하는 밤

트럭이 공연장을 지나가자 음악은 끝이 났다
비명과 함께

강바람이 절룩거리는 길바닥
뒤척임도 없이 이지러진 젊은 연주자를 보았다

메리 크리스마스

 봄과 여름휴가와 나무들의 꽃과 누군가의 생일처럼 해마다 찾아오는 것에서 새로운 말이 돋아난다

 기다리는 것과 기다리게 만드는 것과 목소리를 주고받는 것과 제자리로 돌아가게 하려는 저마다의 1년

 캐롤이 번지는 그날이 오면

 높낮이와 무관하게 골고루 인사말처럼 내리는 눈발이 생각나고 사라지는 것보다 사라지며 찾아오는 말이 있어 그걸 영원이라 간직해 두고

 터지는 꽃잎처럼 내미는 손짓과 밖으로 흘러내리는 꽃향기 같은 말이 무얼까 생각하다가

 메리 크리스마스!

 멀어졌던 기억이 안타까워 한 발자국 앞으로 다가간다

가장 슬픈 이름

세상에서 가장 슬픈 이름은 하얀 겨울에 망각의 강을 건너가는 어머니가 바다를 향해 흘려 보낸 어머니의 이름이 아닐까

강물이 마르도록 어머니를 부르면 어머니는 어머니의 이름을 되찾을 수 있을까

간판

빼곡히,
럭비선수처럼 어깨를 맞대고 있다
조금도 물러 서지 않을 자세다
제발 봐달라고 얼굴을 내밀고 있다
그럼에도 웃고도 싶고
그래서 울고도 싶다
밝게 빛날수록 애잔해진다
이것만큼 간절한 말이 또 있을까
꿈꾸는 것처럼 누군가에겐
모든 것을 걸어 놓은 말일 것이다
날마다 입에서 입으로
별처럼 돋아나길 바라는 말일 것이다

고흐의 감자 먹는 사람들

이 그림은 도시의 발명품이다
가족과의 일상을 위해 노동자는 도시에 목숨을 건다
하루 노동을 마친 손들
저녁 식탁 위에서 감자를 주고 받는 손들
모여있는 손들의 일용할 양식만큼 정직한 것은 없다
감자를 먹는 저녁이 있는 동안
도시는 죽지 않는다

성찬

누가 금빛 잔 속에서 울고 있는가 죄인의 눈으로 상상하는 동안 다 함께 마시자는 목사님 말씀을 따라 잔을 들이키고 내려놓는데 빈 잔에 찍힌 붉은 얼굴이 나를 바라보고 있었다

폭설

새벽에 일어나 성경을 읽는데
창밖에 눈이 쏟아져 내립니다
눈이 저리도 내리는 것은
당신이 생각하고 있기 때문입니다
당신은 나를 생각하고 있습니다
내가 당신을 생각하는 것 보다
당신은 나를 더 생각하고 있습니다
쉬지 않고 눈이 옵니다
생각이 멈출 것 같지 않습니다

봄

봄은 다시 오지
기다리지 않아도 오지
도적처럼 혹은 손님처럼
누구에게나 오지
갔던 봄이 돌아오는 건 아니지
아무 것도 반복하지 않아
새로운 것뿐이야

봄비를 먹다

연못에 볼록한 입이 올라온다

빗방울 하나에 연두빛 입술 하나

금붕어 빠끔거리듯 봄비를 받아 먹는다

입술 밖으로 둥글게 둥글게 번지는 뒷맛

모과꽃

모과꽃이 피는데
입안에 침이 돈다

머리맡에 모과가 놓인 어머니의 마지막 모습이 생각난다
입맛 잃은 어머니는 말없이 웃고
모과꽃처럼 웃고

아들은 어머니의 손을 잡고 모과나무 아래로 들어가는 상상을 한다

나비가 모과꽃 밖으로 날아간다

모과꽃을 보며 아들은 자꾸만 입안에 침이 돌고
아들은 하고 싶었던 말을 놓친다

모과꽃잎 벌어지는 것보다 어머니의 발걸음이 더디다
걸을수록 어머니는 한쪽으로 기울어진다
표정이 기울어지고
언어가 기울어지고

\>

어머니는 웃는다
모과꽃처럼 웃는다

어머니는 모과나무를 닮아가고
모과꽃은 웃고
아들은 하고 싶었던 말을 놓친다

모과꽃잎 떨어진다

손의 물결

바람 한 올이 콧등을 스치고 있을 때

문득 내 손이 어떤 기억을 따라가며 꽃을 쓰다듬어요

꽃이 손안에 천천히 들어와요

보슬비가 내리고

보슬비가 손등을 만지고 물결이 일어나는 걸 느낄 때
내 이름을 존재하게 한 사람들이 떠올라요

물결이 물결을 낳고 있어요

지지대에 기대어 꽃의 물결을 만들던 늙은 나무가
뭔가를 말하려는 것 같을 때

손안에 꽃향이 깊숙이 들어와요

율동 공원

공원 벤치에 아침이 차려졌습니다 느티나무잎과 새똥과 마스크와 담배꽁초 그리고 방금 벗어놓은 오래된 안경, 고단한 시간이 모여있습니다 벤치와 벤치 사이는 멀어져 있고 사람과 사람 사이로 코로나 풍경이 만들어집니다 풍경이 노는 소리에 배가 고파집니다 청년들이 마스크에 매달려 공을 차고 있습니다 마스크를 놓치는 날엔 어디론가 떠내려갈지 모릅니다 할아버지가 마스크를 턱에 걸치고 지팡이에 끌려 희미해져 갑니다 벤치에서 영상설교를 준비하는 목사님이 난처한 표정을 짓습니다(혼자서는 포커스가 어렵네요) 아이들이 풍경 속으로 배드민턴채를 휘드릅니다(에이, 잘 안맞네 짜증나) 멀리서 물 굴러가는 소리가 들립니다 점점 물소리가 커집니다 소리들이 섞이고 풍경이 커지고 풍경이 뛰어놉니다 눈을 감으면 또 하나의 풍경이 만들어집니다 마스크 안에서 수많은 나이팅게일이 살고 있습니다 새롭게 태어날 풍경을 위해 노래합니다

청소부 가라사대

여기에 불경기는 없어 사람들이 집에 고립될수록 쓰레기는 넘쳐나지 그래, 코로나가 말하는 경제야 배달의 속도야 봉지에는 너의 몸을 통과한 흔적과 지문으로 가득해 난 네가 외면한 천국을 수거하지 가끔은 따분하기도 하고 지루하기도 하고 몸은 성한 데가 없어 그래도 이게 좋아 너의 뒤끝이 내 손으로 정리된다는 것 그러나 코로나가 사라지기 전에 할 일이 있어 뭔가 제대로 하나는 해야 하지 않겠어 너의 마지막이 잘 배출되었으면 해서, 기회는 없어 구원을 욕심내는 것보다 중요한 건 이거야 길을 되돌아볼 수 있으면 좋겠어 제발 천천히 가볍게 빗자루를 들고 여기에 음악이 만들어지고 춤이 흘러나오길 바라지 전쟁과 평화가 배출하는 것은 비슷해 서로의 뒷모습을 보며 우리는 자신을 보게 되지 난 이게 좋아 너를 보며 나를 정리한다는 것 부탁이야 잘 보이는 곳에 잘 맡겨 주길 설마 꽃나무 사이에 감추어 놓지는 말아 깔끔하게 분리되지 않은 너를 던져 놓지는 말아 오늘도 꽃에게 미안해, 그건 영혼의 무게야

겨울나무

모든 것을 잃었는데 가난해지지 않아요

그럼에도 바람을 사랑할 수 있을까요

이별이 있어 만남이 아름다운
세상 한 모퉁이에

노래하기 좋은 계절이 왔어요

씀바귀

한 뼘 눈높이

노오란 별자리 몇,

어린아이 웃음소리

나비가 구름처럼 닿는

낮아진 하늘

낮아진 세상

사랑의 탄생

대벌레가 사마귀에게 잡아먹히는 걸 봤어요
다소곳이 머리부터 먹히더니
앞다리가 거의 잘려나갈 즈음
대벌레는 사마귀 몰래 알을 낳아
멀리 떨어뜨려 놓더군요

누군가 배부르면 누군가 절박한가 봐요

어딘가에서 지금
죽기까지 자신을 지키는 사람이 있어
사랑이 탄생한다고 봐요

처음처럼

아침에 눈을 뜨면
나의 하루가 나를 설레게 한다
누군가를 사랑하는 것처럼
오늘이 기대된다
내게 선물로 주어진 또 하나의 하루
그제도 만났고
어제도 만났지만
오늘은 거짓말같이 처음처럼 만나게 된다
나는 또 누구를 만날 것인가
기대된다
언제나 처음처럼
나의 하루가 나를 설레게 한다

양말

빨래를 하고 마른 양말을 방바닥에 펼쳐놓는다
하루 또 하루, 기억으로 섞여 있다가
또 다가올 그만큼의 하루,
그 무게를 받아낼 짝을 기다리고 있다
하루란 무엇일까? 졸음 섞인 혼잣말을 하며
같은 무늬의 짝을 맞춰 골라낸다
다음엔 같은 색끼리 골라낸다
하루 또 하루
남은 건 비슷한 듯 뭔가 다른 하루,
외톨이가 되었네 어떡하지
가만 바라보고 있자니 뒤집어져 있다
하나를 다시 돌려놓으니 하루가 만들어졌다

여물통

 소의 여물통에 강아지가 빠져있다

 소를 향해 촐랑대는 강아지 꼬리와 본능적으로 먹이를 향해 숙이는 소의 널찍한 얼굴이 동시에 멈추어지는 순간,

 소의 눈 속으로 빨려 들어가는 강아지의 맑은 얼굴과 눈길을 어디에 두어야할지 안절부절하는 소의 표정

 낯설다

나이테역

나무 속으로 들어가세요
한 걸음씩 가운데로 들어가세요
나이 들수록 안으로 들어가세요
비어있는 공간이 너무 많아요
머뭇거리지 말고 자기 자리를 찾아가세요
가운데는 춥지 않아요
거기서 당신의 몸을 조금씩 줄이세요
단단해질 때까지 숨을 죽이세요
밀착 밀착
조금만 더 안으로 밀고 들어가세요
협조해 주셔서 감사합니다
이제 우리는 쑥쑥 자라날 수 있습니다
지구 끝까지라도 닿을 수 있습니다
바깥에는 꽃이 피고 있어요
모두 당신 덕분입니다
이번 역 내리실 문은 왼쪽입니다

고양이의 문

　수도원처럼 집을 봉封하고 싶었다 무단 잠입하여 꽃을 꺾고 똥을 싸고 사라지는 고양이 때문이었다 티끌도 허락하지 않겠다는 봉쇄수도사가 되어 울타리를 망으로 꽁꽁 봉했다 구멍이란 구멍은 죄다 틀어막고 구석구석 고양이가 싫어한다는 식초를 뿌리고 고요히 잠이 든 첫날 밤 현관 쪽에서 추락하는 소리가 두어 번 들렸다 소요가 일어나려는 전조 같았다 일어나서 어딘가에 있는 고양이의 문을 찾아라 들어오려는 것과 막으려는 것이 대치하는 곳으로 가라 그리고 봉하라 문을 봉하라 금세 전투라도 하려는 듯 단숨에 뛰어가 아직 잠이 덜 깬 몸을 현장에 밀어 넣었다 그리고 손전등을 내밀었다 오~, 높은 가림막을 넘으려다 굴러떨어져 허탈한 표정으로 몸을 숨기는 어미 고양이와 어미를 모방하다가 나무 계단에 죽은 척 널브러진 새끼 고양이가 눈에 들어왔다

　내 눈이 고양이의 문이었다

응

눈빛으로 만들어진 사랑이
응, 하고 태어난다는 말이지

응? 하면 응!

웃고
뛰어놀고
너와 나 사이에 자라나
오뚜기처럼 일어난다는 말이지

도끼

한마디 말로도
중심에 내려꽂아 깨어나게 한다면
난 바보처럼 있겠습니다
물도 아니고 바위도 아니고
숨통이 끓어진 나무처럼 있겠습니다
쩍, 벌어지며 드러내는 민낯
비바람 맞다가 눈과 엉켜붙다가
마지막에 불길이 들어올 때
밤새 발 끝까지 타들어 가서
누군가의 손바닥이라도 온기로 적셔주는
그런 장작일 수 있다면

기도

덥썩 엎드린다

엎드리면
네 속에서 주인 행세하려던 가짜들
스스로 뒷걸음치며 물러난다

죄인입니다, 한마디에

네 말이 궁금해진 진짜 주인이
가만히 와서 앉는다

이코노미 아일시트
— economy aisle seat

스치면 좋은 때도 있는 것이다
잠을 청하면서
가만히 있어 보는 것인데
남아프리카로 들어가는 밤비행기
미안하다고 말하지 않아도 될 정도로 스치면
이유 없이 좋은 때도 있는 것이다
흔들리는 기체에서
살짝,
승무원과 승객이 내 어깨에 닿으며 지나갈 때
바람이 스치고 가는 길목의 나무처럼
있어 보는 것이다
좁은 공간에서
좌우 어느 쪽으로도 어찌하기 어려워
마냥 있어 보는 것이다

House of Blessings*

꽃은 별처럼 피고
별은 꽃처럼 돋더라

꽃이 지면 별이
별이 지면 꽃이
서로의 빈 자리를 채우더라

누구는 꽃처럼 말하고
누구는 별처럼 말하고
저마다 은하수를 만들더라

* 남아공 우스터 이승재 선교사의 집

요나스코프

　남아공 요나스코프에 들어가려면 질리안과 빌리의 열쇠가 필요하다 저들은 이 산을 수없이 오르고 내린 천사 같은 안내자들이다 출입문이 열리면 아담과 이브를 만날 것 같은 녹색이 열리고 그림동화가 있는 풍경이 열린다 거대한 손이 다녀간 듯 바위들이 위태롭게 솟아있다 어떤 것은 손가락 모양으로 어떤 것은 얼굴 모양으로 표현되어 있다 불이 지나가듯 계곡을 넘어온 구름이 뻐근한 허리를 끌어 당긴다 개미들은 불구덩이 같은 집을 나와 어디론가 사라졌다 바위를 등지고 불에 탄 나무가 재를 털고 올라온 새싹을 품고 있다 둥지의 새를 본 것인가 삶과 죽음이 서로에게 기대어 아름다운 것인가 몸부림치며 공존하는 풍경에 섞이어 코앞에 있는 하늘을 마신다 잠시 빌려 서 있는 정상, 지상의 모든 것은 아래에 있다 질리안과 빌리가 만든 소세지 브라이를 먹는다 이제야 바람이 부드럽다는 걸 안다 프로테아꽃을 튀어 오르는 꿀새를 앞세우고 산을 내려온다 출입문이 닫힌다 마음은 알몬드꽃처럼 잠잠해지고 누구에게나 문장 하나씩 남는다 비로소 여행이 완성되었다

해설

존재의 배후, 혹은 위대한 수동성
— 한현수, 『사과꽃이 온다』의 시세계

황치복 문학평론가

존재의 배후, 혹은 위대한 수동성
— 한현수,『사과꽃이 온다』의 시세계

황 치 복 문학평론가

1. 섭리, 혹은 존재의 배후

2008년 시집『내 마음의 숲』을 발표하며 작품 활동을 시작하였고, 2012년『발견』을 통해 문단에 나온 한현수 시인은 그동안 시집으로『오래된 말』,『기다리는 게 버릇이 되었다』,『눈물만큼의 이름』, 그리고 묵상시집『그가 들으시니』등을 발간한 바 있다. 시인은 가정의학과 전문의로 활동 중이고, 숲생태 전문 강사로서 꽃과 생태의 신비를 알리는 일도 하고 있다고 한다. 가정의학과 전문의로 육체의 질병을 치료하고 있으며, 숲생태 전문가로서 그리고 시인으로서 어쩌면 현대인의 마음의 병을 치유하고자 하고 있는지도 모른다. 실제로 시인의 시를 읽다 보면, 답답한 듯한 막힌 가슴이 뻥 뚫리고, 혼탁한 영혼이 맑아지는 듯한 경험을 할 수 있는데, 이러한 현상은 시인의 맑고 고운 영혼이 아리스토텔레스가 말한 감염의 효과를 발휘하고 있는지도 모른다.

성경 「시편」을 읽으면서 그에 대한 종교적 성찰과 각성을 노래하고 있는 『그가 들으시니』라는 묵상 시집이 대변해주듯이 한현수 시인의 시적 근원에는 종교적 상상력이 자리잡고 있다. 그의 시는 자연신학의 발상처럼 우리가 보고 느끼는 현상의 이면에 그것을 작동하는 어떤 '보이지 않는 손'이 존재한다는 것, 그래서 그 보이지 않는 손이 꼭두각시 공연의 뒤에서 줄을 조정하듯이 통제하고 있다는 것, 그래서 우리는 그러한 존재의 의지와 법칙을 이해하고 그것에 따르는 것이 중요하다는 것, 그러한 맥락에서 이 시집의 주요한 핵심 키워드라고 할 수 있는 섭리라든가 공감, 혹은 화음과 수동성 등의 아름다운 시적 자질들이 생성된다. 시집의 첫머리에 실려 있는 다음 시집에 이번 시집의 모든 주제가 응축되어 있다.

1
나무에서 새소리가 들리고
나뭇잎 하나 가만히 내려앉는다

저게 화음이 아니면 무엇인지

2
그믐빛이 아득하게 하늘에 스며들었다

작은 소리도 멀리 가는 아침은
깊어지는 것인지

3
바람이 불어 연못에 물주름이 일어난다

누군가 말하는가 싶어
가만히 귀를 열어두었다

4
아침은 막 열린 꽃잎으로
얼마나 맑아지는지

비 오는 날, 흩어졌던 꽃잎들이
추상화를 남긴다
— 「아침」 부분

"아침"이라는 시간을 초점으로 모두 다섯 개의 단상으로 이루어진 이 시편에서 주목되는 점은 화음이라든가, 섭리, 그리고 그 윽함과 신비로움 등의 시인이 추구하는 시적 주체들이 모두 등장하고 있다는 점이다. 첫 번째 단상의 주제는 나무와 새의 교감이 불러일으키는 부름과 응답으로서의 공감이라고 할 수 있는데, 시인은 이를 "화음"이라고 명명하며 두 존재의 어울림을 강조한다. 두 번째 단상에서는 그믐빛이 하늘에 스며들고 작은 소리가 멀리 나아가는 아침을 "아득하다"고 표현하기도 하고 "깊다"고 표현하기도 하면서 그 신비로움을 강조하고 있다.

이러한 신비로움은 세 번째 단상에서 알 수 있듯이 어떤 신적 존재의 작용 때문이기도 한데, "바람이 불어 연못에 물주름이 일어나"는 현상은 누군가 어떤 메시지를 발산하는 것으로서 현상의 이면에 어떤 보이지 않는 존재의 실체를 암시하는 것이기도 하다. 마지막 네 번째 단상에서는 아침에 막 열린 꽃잎이 비 오는 날에 떨어져 추상화를 그리는데, 이러한 예술 창작 또한 어떤 보이지 않은 존재의 입김이 작용하고 있다고 해석할 수 있다. 그러니까 이 시에서는 어떤 보이지 않는 존재의 작용으로 인해서 하모니와 어울림이 탄생하고, 아득하고 그윽한 신비로운 자연의 현상이 발생하며, 자연이 그려내는 아름다운 예술이 탄생하고 있는 셈이다.

이러한 시적 구도에서 우리는 시인의 주된 관심사를 확인할 수 있거니와 그것은 자연의 이면에서 그것의 현상과 법칙을 지배하고 있는 보이지 않는 존재라고 할 수 있다. 우리는 그것을 신이라고 명명할 수도 있고, 혹은 중국의 도道라든가 인도의 다르마Dharma, 혹은 진리, 정의, 우주 질서의 여신이라는 이집트의 마트Maat와 연상할 수도 있다. 다른 식으로 표현하면 섭리라든가 이치, 혹은 이법이라든가 질서, 코스모스 등으로 표현할 수도 있을 것이다. 시인은 이러한 보이지 않는 존재의 실존과 작용에 대해서 관심을 집중하면서 그것의 의지와 의도를 읽어내려고 한다.

시인은 표제시인 「사과꽃이 온다」라는 시에서 "산골 마을의 농부는 사과꽃이 핀다고 말하지 않고 사과꽃이 온다고 말한다"고 전제하고, 다시금 그들은 "보내 주는 분을 아는 것처럼 사과꽃을 기다리고 사과꽃의 배후를 말한다"라고 하면서 사과꽃이 저절로 피지 않고, 보이지 않는 존재가 그 꽃의 개화를 조종한다는 사실을 강조한다. 또한 「나무는 집」이라는 시에서 시인은 "빛을 기다리는 카페 같은 집은/ 빛을 모아 꽃을 만드는 마법을 부리지"라고 하면서 나무가 햇빛으로 꽃을 만드는 마법에 주목하면서 신비한 섭리의 작용을 암시하기도 한다. 「홍시」라는 시에서는 "붉어진 그대로 단단하게 있었으면 했는데 껍데기로 질기게 버텨주었으면 했는데 무르게 하는 힘을 견뎌낼 재간이 없나봐요"라고 하면서 무르게 하는 힘을 강조하기도 하고 "주저하고 있을 때 그걸 끌어당기는 힘에 흘러내리며 주저앉아요"라고 하면서 "끌어당기는 힘"에 대해 관심을 촉구하기도 한다. 물론 여기서 감을 무르게 하는 힘이라든가 끌어당기는 힘이라는 것은 자연의 섭리로서 보이지 않는 존재가 지닌 권능을 의미한다.

  사과꽃을 보내주시는 분, 혹은 사과꽃의 배후라든가 나무가 꽃을 만드는 마법을 부리도록 하는 배후, 그리고 감을 홍시로 만드는 무르게 하는 힘이라든가 끌어당기는 힘 등은 현상의 이면이나 뒤편에 어떤 존재의 힘이 작동하고 있음을 암시하는데, 이러한 시인의 관심이 중요한 것은 이로 인해서 시인의 시편들이 어떤 성스러움을 지니게 되기 때문이다. 그러니까 현상은 현상 자체로 투명한 세계가 아니라 어떤 이면의 존재와 등을 맞대고 있는 중층적이고 입체적인 세계이며, 현상이란 세속적인 것의 작동이 아니라 어떤 신성한 힘의 영향에 의해서 움직이는 것이 되는 셈이다. 신의 입김이 언제나 작용하는 현세이기에 시인이 주목하는 "최씨 할아버지"는 "죽을 때"를 생각하면서 "하나님은 모든 때를 아름답게 만드셨다"고 생각할 수 있다. 또한 눈이 내리는 장면을 보면서도 시인은 "눈이 저리도 내리는 것은/ 당신이 생각하고 있기 때문입니다"라고 하면서 자연 현상의 이면에 있는 초월적 존재를 상정할 수 있는데, 이로 인해서 죽음을 맞이하는 임종의 때라든가 눈이 내리는 현상은 어떤 신성함을 지니게 된다. 그리하여 자연은 자연 자체가 아니라 신성을 지닌 신화적 지평으로 탈바꿈하고 마는 것인데, 다음 작품에서 그러한 현상을 직접 목격할 수 있다.

  남아공 요나스코프에 들어가려면 질리안과 빌리의 열쇠가 필요하다 저들은 이 산을 수없이 오르고 내린 천사 같은 안내자들이다 출입문이 열리면 아담과 이브를 만날 것 같은 녹색이 열리고 그림동화가 있는 풍경이 열린다 거대한 손이 다녀간 듯 바위들이 위태롭게 솟아있다 어떤 것은 손가락 모양으로 어떤 것은 얼굴 모양으로 표현되어 있다 불이 지나가듯 계곡을 넘어온 구름이 뻐근한 허리를 끌어 당긴다 개미들은 불구덩이 같은 집을 나와 어디론가 사라졌다 바위를 등지고 불에 탄 나무가 재를 털고 올라온 새싹을 품고 있다 둥지의 새를 본 것인가 삶과 죽음이 서로에게 기대어 아름다운 것인가 몸부림치며 공존하는 풍경에 섞이어 코앞에 있는 하늘을 마신다 잠시 빌려 서 있는 정상, 지상의 모든 것은 아래에 있다 질리안과 빌리가 만든 소세지 브라이를 먹는다 이제야 바람이 부드럽다는 걸 안다 프로테아꽃을 튀어 오르는 꿀새를 앞세우고 산을 내려온다 출입문이 닫힌다 마음은 알몬드꽃처럼 잠잠해지고 누구에게나 문장 하나씩 남는다

비로소 여행이 완성되었다
　—「요나스코프」전문

　요나스코프라는 남아공의 산은 단순한 산이 아니라 제의와 영매를 통해서 들어갈 수 있는 신성한 영역이며, 태고적 세계와 원초적 신화가 숨쉬고 있는 제의적 공간이기도 하다. 그곳에는 "아담과 이브를 만날 것 같은" 정취가 있고, 또한 그곳은 "거대한 손이 다녀간 듯 바위들이 위태롭게 솟아있"는 아우라를 지니고 있다. 이러한 묘사에서 우리는 요나스코프라는 산이 태고의 신비를 지니고 있고, 아담과 이브의 에덴동산처럼 유토피아와 같은 성질을 지니고 있는데, 그러한 이유가 바로 '거대한 손'으로 암시되고 있는 절대자의 흔적 때문임을 알 수 있다.
　이러한 신성한 공간에 들어가기 위해서는 신성한 존재의 초대를 받거나 혹은 신성한 존재의 안내를 받아야 하는데, "질리안과 빌리"가 그러한 역할을 한다. 그들은 "이 산을 수없이 오르고 내린 천사 같은 안내자"들인데, 그들이 신성한 영역으로 인도하는 사제 혹은 영매로서의 샤먼과 같은 역할을 할 수 있게 된 것은 이 신성한 산을 수없이 오르내리며 세속의 때를 씻어내고 정화되었기 때문일 것이다. 그러니까 신성한 영역으로 들어가는 것은 세속에 대한 정화와 각성 같은 것이 필요한 셈인데, 이러한 정화와 각성이란 신성의 자각과 수용의 마음 자세를 의미할 것이다.
　"삶과 죽음이 서로에게 기대어 아름다운" 공간, 그리고 그것들이 "몸부림치며 공존하는 풍경"이 있는 요나스코프라는 산은 자연이면서 그 이면에 "거대한 손"의 입김을 간직하고 있는 신성한 공간이기도 하다. 그러한 공간을 들어가기 위해서 시인은 "질리안과 빌리"라는 사제나 샤먼과 같은 안내자가 필요함을 역설하고 있거니와 시인은 자신의 시에 신성을 부여함으로써 독자들을 신성한 영역으로 안내함으로써 질리안과 빌리와 같은 역할을 자임하고 있음을 알 수 있다. 중요한 것은 그러한 신성한 영역에 들어가기 위한 조건이 세속적 이해관계에 대한 정화와 각성이라고 할 수 있는데, 이러한 정화와 각성을 어떻게 세속적 삶에서 이루어낼 수 있는지가 중요하게 된다. 이를테면 바람직한 삶의 자세라든가 윤리적 태도 등이 문제가 되는 것이다. 시인은 이러한 과제에 대해서 공감과 어울림이라는 가치를 중요한 덕목으로 강조한다.

2. 공감과 화음의 세계

가을은 저물고
어쩌지 못해 그냥 있는 아침

스윽, 낙엽이 내 곁에 내려앉는다
무엇을 말하였나 싶은데

손등에 기대어 있는
구멍난 뒷모습이 따뜻하다

―「가을 볕뉘」 전문

저무는 가을에 "어쩌지 못해 그냥 있는 아침"은 상실과 곤경의 어떤 삶의 국면을 암시한다. 실존적 한계일 수도 있고, 혹은 사회적 문제일 수도 있지만, 기울어가는 햇살처럼 쇠락하고 몰락해가는 운명의 모습은 안타까운 국면임에 틀림없다. 그때 "스윽, 낙엽이 내 곁에 내려앉는다." 화자는 낙엽을 보면서 "손등에 기대어 있는/ 구멍난 뒷모습이 따뜻하다"고 묘사하고 있는데, 내 곁에 내려앉은 낙엽의 모습이 따뜻한 것은 자신의 처지에 대한 공감과 위로의 메시지를 읽어냈기 때문이다. 낙엽 또한 나의 몰락과 상실의 처지와 비슷한 "구멍난 뒷모습"을 간직하고 있기에 그 공감과 위로는 더욱 진정성 있게 다가올 수 있을 것이다. 시인은 존재의 배후를 읽는 시인답게 내 곁에 내려앉은 낙엽을 보면서 "무엇을 말하였나 싶은데"라고 하면서 내 곁에 내려앉은 낙엽이 어떤 의지나 의도를 지니고 있음을 읽어내고 있는데, 물론 이러한 성찰과 관점이 있었기에 낙엽에서 위로와 공감의 메시지를 읽어낼 수 있었을 것이다.

그런데 결과적으로 어쩌지 못해 그냥 있는 시적 화자의 옆에 구멍난 뒷모습을 지닌 낙엽이 내려앉아 위로와 공감의 메시지를 전했기 때문에 제목인 "가을 볕뉘"처럼 세상은 밝고 따뜻한 곳이 될 수 있다. 공감과 연민, 위로와 배려가 세상을 신성이 깃든 곳으로 만들고, 따뜻한 곳으로 변하게 하는 힘을 발휘하는 것을 알 수 있다. 시인은 「폐가」라는 시에서는 "봄비는 나 보다 먼저 흘러내린다// 잃어버렸던 목소리로/ 말을 걸어 온다"라고 하면서 「가을 볕뉘」의 낙엽처럼 봄비가 자신에게 말을 걸어온다고 적는다. 시인에게 세상의 모든 사물들은 단순히 현상적 존재가 아니라 신성이 깃든 존재이기에 이처럼 자신을 향해 말을 걸어올 수 있으며, 말을 걸어오기에 공감과 연대가 이루어질 수 있는 것이다. 부름과 응답, 공감과 연대가 아름다운 화음을 이루어내는 장면을 다음 시에서도 확인할 수 있다.

> 치매 앓는 어머니 입 앞에 수저가 멈추어 있다
> 머리 희끗한 아들이 먼저 입을 크게 벌린다
>
> 아―
>
> 어머니도 입을 벌린다
> 육십 년 넘어 되돌아온 당신의 메아리를 먹는다
> ―「메아리」 전문

어렵지 않게 그 시적 메시지를 확인할 수 있는 작품이다. 어머니가 자식을 낳아 숟가락으로 미음을 떠먹여 주며 "아―"하는 소리를 발했다는 것, 그리고 이제 육십 년이 지나 어머니는 쇠락하여 수저를 들 힘도 없는 연약한 아이처럼 되었다는 것, 그래서 이번에는 자식이 다시 "아―"하는 소리를 내며 어머니에게 음식을 떠먹여 주고 있다는 것이 전체적인 시적 구도이다. 감동적인 점은 육십 년 전에 어머니가 자식에게 했던 "아―"하는 소리가 육십 년이 지난 지금 메아리가 되어 다시 돌아왔다는 사실이다. 그러니까 어머니의 육십 년 전의 "아—" 하는 소리는 없어지지 않고, 아들의 입에 닿아 응답하는 소리를 낳게 했다는 것인데, 어머니는 그 응답의 메아리 소리를 먹고 있다는 시적 해석이 감동적이다.

 그러니까 주목되는 점은 어머니의 입에서 '아—' 하는 소리가 발해지고 육십 년 후에 아들의 입에 그 소리가 닿아 메아리를 이루어 되돌아왔다는 것인데, 이러한 시적 해석으로 인해서 어머니와 아들은 서로 부르고 응답하는 하모니를 형성하게 되는 것이다. 결과적으로 그들의 삶과 관계가 바로 이 메아리의 하모니 속으로 들어와 동근 형상을 취하게 되는데, 이러한 삶의 모습이 아름답지 않을 까닭이 없다. 시인은 「옹」이라는 시에서 "눈빛으로 만들어진 사랑이/ 옹, 하고 태어난다는 말이지// 옹? 하면 옹!"이라고 표현하고 있는데, 이러한 대목에서도 부름과 응답, 혹은 질문과 확답의 형식을 확인할 수 있다. 특히 '옹'이라는 소리가 하나의 선을 중심으로 'ㅇ'이라는 형상으로 조응하고 있는 모습을 볼 수 있는데, 이러한 음성상징을 통한 응답의 구조 또한 시인이 공감과 조응을 얼마나 중시하고 있는지를 확인할 수 있게 한다. 공감과 어울림의 덕목이 지닌 구체적인 가치와 의미는 다음 시에서 확인할 수 있다.

 당신과 나 사이에 있는 것입니다 별이 무성한 우주도 아니고 물결 일렁이는 바다도 아닙니다 외로운 섬은 더욱 아닙니다 그건 당신과 나 사이에 만들어지는 이야기입니다 서로 마주보게 하는 이야기입니다 도도하게 혹은 외롭게 바른 자세로 앉아 속삭이

듯 기억을 불러오며 어색한 기운을 한 겹씩 벗겨내는 촛불 같은 이야기입니다 조금씩 닳아 없어지며 빛을 토해내는 이야기입니다 당신과 나를 잇는 징검다리처럼 건너가고 건너오게 하는 이야기입니다 달팽이의 걸음으로 때론 새의 날갯짓으로 작은 것으로 큰 꿈을 꾸게 하는 이야기입니다 세상의 문을 열어주는 이야기입니다 견고한 음성으로 하찮은 것부터 진중한 것까지 새롭게 쓰여지는 이야기입니다 새롭게 쓰여져야 하는 이야기입니다 어두운 곳에서 잘 쓰여지는 이야기입니다 당신과 나 사이에 그건 강력한 이야기입니다
—「과」 전문

접속 조사 '과'는 상대로 하는 대상과 대상을 연결해주는 역할을 하는데, 여기서는 '관계'라는 하나의 세계, 혹은 '사이'에 존재하는 무한한 생성과 가능성을 암시하고 있다. '과'는 어떤 대상들이 서로 관계 맺는 방식, 혹은 어떤 대상들이 서로 영향을 주고받으며 생성해내는 어떤 새로운 가치와 의미 등을 암시하고 있는 것이다. 시인은 구체적인 대상으로 "당신과 나"를 제시하고 있는데, '당신'이란 무수한 타자들을 지칭하고, '나' 또한 무수한 주체들을 의미하고 있다. 그러니까 무수한 타자와 무수한 주체들이 서로 관계를 형성하면서 생성해내는 세계가 바로 '과'의 세계인 셈이다.

시인은 굳이 그러한 세계를 명명하여 "이야기"라고 한다. 시인이 강조하는 '이야기'란 "당신과 나 사이에 있는 것"이기도 하고, "서로 마주보게 하는" 것이기도 하고, "당신과 나를 잇게 하

는 징검다리처럼 건너가고 건너오게 하는" 것이기도 하다는 점에서 공감과 어울림이 만들어내는 세계일 것이다. 시인은 이러한 세계의 성격에 대해서 "기억을 불러오며 어색한 기운을 한 겹씩 벗겨내는 촛불 같은 이야기"라고 규정하기도 하고, "작은 것으로 큰 꿈을 꾸게 하는 이야기"라고 하기도 하는데, 이러한 규정에서 우리는 '과'가 만들어내는 세계란 곧 '시'가 만들어내는 새로운 세계이자 새로운 공간일 수 있 수도 있다는 것을 추론할 수 있다. 특히 "세상의 문을 열어주는 이야기"라는 구절, 그리고 "새롭게 쓰여지는 이야기"라든가 "어두운 곳에서 잘 쓰여지는 이야기" 등의 은유들을 보면, 그것은 고난과 결핍에 공감하면서 새로운 연대와 화음을 만들어가는 세계, 세속적 가치와 진부한 관습에서 벗어나 어떤 정화와 신성의 영역으로 안내하는 세계라는 것을 짐작할 수 있다.

  그런데 주목할 점은 시인이 굳이 '과'를 통해서 형성되는 세계를 '이야기'라고 명명하고 있다는 점이다. 이야기란 개인적인 차원에서는 자기 자신이 누구인지, 무엇을 하는지를 설명하는 정체성을 표현하는 강력한 수단이고, 문화적인 차원에서 어떤 신념이나 가치를 공유하거나 전달하는 역할을 한다. 그러니까 이야기란 개체적 차원에서 정체성 형성의 근간이 되고, 사회적 차원에서는 공통적인 가치나 의미를 형성하는 토대가 된다는 것이다. 한 개인에게 그가 그일 수 있도록 하고, 하나의 집단에게 그 집단의 가치를 공유하도록 한다는 점에서 이야기는 하나의 신화로서 신성한 성격을 지니고 있는데, 이러한 가치들이 모두 공감과 어울림을 통해서 형성되고 있는 것이다. 문제는 어떻게 우리가 이러한 공감과 어울림에 참여할 수 있는지에 대한 구체적인 실천 방법이 될 것이다. 시인은 자신을 낮추고 자연의 섭리를 수용하는 '수동성'의 가치에 주목한다.

3. 위대한 수동성, 혹은 자연과 섭리에의 귀의

> 오늘도 항복하라는 협박성 메세지가 왔다
> 뒤이어 정정하는 문자가 올라온다
> 손가락에 살이 쪄서 종종 실수한다고 했다
>
> "네, 항복할게요!" 답장을 한다
>
> 항복과 행복, 둘 사이는 가깝기도 혹은 멀기도 하지
> 어쩌면 같은 말이기도 하지
> 하나를 부르면 동시에 대답하는 사이
>
> 우리는 항복이라 쓰고
> 행복이라 읽는다
> ―「오타」 전문

삶의 국면에서 사소한 실수가 커다란 깨달음으로 이어질 수 있음을 보여주는 작품이다. 시적 구도는 매우 단순하지만, 그것이 품고 있는 메시지는 결코 간단하지 않다. 어떤 지인에게서 시

적 화자는 "오늘도 항복하라"는 문자를 받는데, 그것은 사실 "오늘도 행복하라"는 메시지의 오타라고 할 수 있다. 물론 메시지를 보낸 사람은 "손가락에 살이 쪄서 종종 실수한다"고 하면서 정정 문자를 보내오지만, 시적 화자는 이를 예사롭게 여기지 않는다. 항복과 행복은 전혀 다른 말같이 보이지만, "어쩌면 같은 말이기도 하"며, "하나를 부르면 동시에 대답하는 사이"라고 할 수 있다는 것이다.

이러한 시상의 전개 과정은 곧 항복과 행복이 다르지 않다는 점, 그러니까 항복이란 행복을 야기할 수 있는 전제조건일 수도 있다는 생각에 이르는 과정이기도 한 셈이다. 항복이란 물론 적이나 상대편의 힘에 눌려서 굴복하는 상황을 의미하는데, 이러한 글자 그대로의 의미에서 항복은 어떤 가치를 지니기는 어렵다. 하지만 시인이 성찰한 것처럼 행복과 연관시켜 항복의 의미를 다시 되새겨보면, 항복이란 곧 자신의 고집과 욕망에 집착하는 악착齷齪에서 벗어나 이치에 따르는 것, 곧 자신의 욕망과 억지에서 벗어나 순리를 수용하는 것을 의미할 수 있다. 그러니까 항복이란 자신을 내세우고 강요하는 것이 아니라 있는 그대로의 현실을 받아들이고 순응하는 태도를 함축하고 있는 것이다.

결국 시적 논리는 행복이란 이러한 항복에서 온다는 것을 강조하고 있는데, 시인은 「기도」라는 시에서도 "덥썩 엎드린다// 엎드리면/ 네 속에서 주인 행세하려던 가짜들/ 스스로 뒷걸음치며 물러난다"라고 하면서 자신을 낮추고 숙이면 거짓과 허위가 사라지고 "진짜 주인이/ 가만히 와서 앉는다"고 강조한다. "덥썩 엎드린다"는 것이 자신을 낮추고 욕심을 비우는 것을 의미한다면, 바로 아집과 집착에서 벗어나 있는 그대로의 현실을 인정한다는 것이며 그러한 점에서 "가짜들"이 물러나고 "진짜 주인이" 다가올 수 있다는 메시지를 이해할 수 있다. 또한 "덮썩 엎드린다"는 것이 곧 "항복한다"는 것을 의미한다고 보면 시인의 시적 메시지를 보다 분명히 파악할 수도 있다. 시인은 「씀바귀」라는 시에서는 씀바귀 꽃을 보면서 "낮아진 하늘/ 낮아진 세상"이라고 하면서 낮아진 세상을 강조하는데, 이처럼 항복하는 것과 덮썩 엎드리는 것, 그리고 낮아지는 것이 모두 겸양의 미덕으로서 '수동성'을 의미한다고 볼 때, 이 수동성은 진정한 행복을 가져오고, 진실을 발현시키며, "어린아이 웃음소리"(「씀바귀」) 같은 세상을 불러올 수 있다는 점에서 위대한 수동성이라고 할 수 있다. 시인이 상정하는 수동성의 의미는 다음 작품에서 구상적인 이미지를 얻고 있다.

앞마당에 큰 풍경을 열어두었다

누구나 들뜬 손가락으로 가리키는 것은
둘이 하나 되는 강,

새떼를 몰고 휘돌아 갈 때

다산茶山을 만든 두물머리는 넌지시 두 눈까지 치밀고
난 한걸음 떼었을 뿐인데

첫마디부터 묵언!

마음에서 강 하나씩 일어나게 하라고
바람이 오백 년 은행나무 손끝을 친다
―「수종사」 전문

오백 년 된 은행나무로 유명한 수종사가 시적 대상이 되고 있다. 시인이 주목하는 것은 '강'이라고 할 수 있는데, "둘이 하나 되는 강"이라든가 "다산을 만든 두물머리", 혹은 "마음에서 강 하나씩 일어나게 하라고" 등의 표현에서 강에 대한 시인의 초점화된 관심을 읽을 수 있다. 물론 주된 관심사인 강은 "앞마당에 큰 풍경을 열어두었다"라는 구절에서 알 수 있듯이, 수종사라는 절이 품고 있는 풍경 속에 있는데, 그것이 수종사가 시인에게 감명적으로 다가온 이유이기도 하다.

수종사가 품고 있는 강이 전하는 메시지는 두 가지이다. "첫마디부터 묵언!"이라는 표현에서 알 수 있듯이, 아무 말도 하지 말라는 것이다. 아무 말도 하지 말라는 것은 곧 침묵하라는 것인데, 침묵하라는 것은 곧 자신을 내세우지 말고 세상을 관조하며 타자를 받아들이라는 것을 의미한다. 그러니까 자신이 품고 있는 신념과 주장을 드러내는 데 주안점을 두지 말고 세상의 이치와 흐름을 받아들이라는 의미를 강조하고 있는 것이다. 강이 전하는 두 번째 메시지는 "마음에서 강 하나씩 일어나게 하라"는 전언인데, 이러한 메시지 역시 자연의 섭리를 깨우치고 받아들일 것을 강조하고 있다. 상선약수上善若水라는 말에서 알 수 있듯이 물의 흐름은 도道를 닮아 있으며, 그러한 물의 흐름이라는 이치를 따르는 것이 지극한 도에 이르는 길이 된다고 할 수 있다. "마음에서 강 하나씩 일어나게 하라"는 강의 메시지는 바로 이러한 이치를 체현하고 있는 전언으로서, 위대한 수동성이 삶의 이치라든가 자연의 섭리와 닿아 있음을 알 수 있게 한다. 그런데 다음 시를 보면 위대한 수동성에 도달하는 길이 곧 돌아가는 길이라는 점을 알 수 있다.

> 나무 속으로 들어가세요
> 한 걸음씩 가운데로 들어가세요
> 나이 들수록 안으로 들어가세요
> 비어있는 공간이 너무 많아요
> 머뭇거리지 말고 자기 자리를 찾아가세요
> 가운데는 춥지 않아요
> 거기서 당신의 몸을 조금씩 줄이세요
> 단단해질 때까지 숨을 죽이세요
> 밀착 밀착
> 조금만 더 안으로 밀고 들어가세요
> 협조해 주셔서 감사합니다
> 이제 우리는 쑥쑥 자라날 수 있습니다
> 지구 끝까지라도 닿을 수 있습니다
> 바깥에는 꽃이 피고 있어요
> 모두 당신 덕분입니다
> 이번 역 내리실 문은 왼쪽입니다
> ―「나이테역」 전문

"나무 속으로 들어가"라는 것, "한 걸음씩 가운데로 들어가"라는 것, "안으로 들어가"라는 것 등의 표현에서 안으로 응축하고 집중하라는 시적 메시지를 확인할 수 있다. 안으로 들어가기를 권장하는 것은 안으로 들어가면 "비어있는 공간"을 발견할 수 있다는 것, 따스한 온기를 느낄 수 있다는 것 등의 메리트가 있기 때문이다. 또한 시상의 마지막 부분에서는 "쑥쑥 자라날 수 있"다는 것, 그리고 "지구 끝까지라도 닿을 수 있"다는 것, 혹은 "바깥에는 꽃이 피"어날 수 있다는 점을 내세우고 있기도 하다. 그리고 시인은 안으로 들어가기 위해서는 "당신의 몸을 조금씩 줄"여야 하고, "단단해질 때까지 숨을 죽이"는 노력이 필요하다고 역설한다.

시인이 강조하는 바에 따르면 나무 속으로 들어간다는 것, 한 가운데로, 안으로 들어간다는 것이 매우 중요하다는 것을 알 수 있고, 그러한 틈입이 매우 긍정적인 가치를 산출할 수 있다는 것을 이해할 수 있다. 그렇다면 도대체 안으로 들어간다는 것은 무엇을 의미하고, 왜 시인은 이토록 안으로 들어갈 것을 권유하는 것일까? "나이테역"이라는 제목에 유의해 보면, 나무 안쪽으로 들어간다는 것은 곧 나이테의 중심을 향해 나아간다는 것을 뜻하고, 나이테의 중심을 향해 나아간다는 것은 곧 과거의 시간으로 돌아간다는 것을 의미한다. 나이테의 중심이란 곧 가장 오래 전에 생성된 나무의 중심이며, 과거의 시간이 오롯이 남아 있는 흔적이기 때문이다. 그러니까 시인이 강조하는 것처럼 나이테의 중심으로 들어가라는 것은 곧 순수했던 유년의 시공으로 돌아가라는 것, 세속의 때가 묻지 않은 어린아이의 마음으로 돌아

가서 세상을 바라보라는 말과 다르지 않다. 그럴 때 숨쉴 수 있는 비어있는 공간이 나타나고 온기를 느낄 수 있다는 것, 그럴 때 자아는 우주만큼 커다랗게 확장할 수 있으며 세상에는 꽃이 피어날 수 있음을 강조하고 있는 것이다.

 지금까지 한현수 시인의 여섯 번째 시집인 『사과꽃이 온다』의 시세계를 조망해 보았다. 맑고 깨끗한 심성으로 시를 쓰고 있다는 것을 확인할 수 있었고, 그 시적 이미지와 시적 사유가 그윽하고 아득하게 펼쳐지고 있음을 발견할 수 있었다. 시인은 세상의 더러움과 오물을 청소하는 청소부처럼, 혹은 세상에 만연한 고통과 질병을 치유하는 의사이자 영혼의 치유자처럼, 그리고 독자들을 성스러운 영역으로 인도하는 사제이자 샤먼과 같은 역할을 자임하고 있는 것처럼 보인다. 시인이 신성한 영역을 시적 공간에 펼쳐 놓는 것은 그것을 통해 독자들이 영혼의 정화를 체험하도록 하기 위한 것이다. 그리고 그러한 맑은 영혼을 간직하기 위해서는 공감과 어울림, 그리고 섭리와 이치에 귀의하는 위대한 수동성을 지닐 것을 강조하고 있다. 시인의 시적 메시지와 시의식, 그리고 시적 태도에서 종교적인 면모를 엿볼 수 있는데, 그렇다면 그것은 여전히 우리 시에서 종교적 영역이 필요하다는 하나의 방증이 될 것이다.

양영자,「나 어릴 적에」, 40.9×31.8

한현수 시집
사과꽃이 온다

발 행	2023년 11월 1일
지은이	한현수
펴낸이	반송림
편집디자인	반송림
펴낸곳	도서출판 지혜
주 소	34624 대전광역시 동구 태전로 57, 2층 도서출판 지혜 (삼성동)
전 화	042-625-1140
팩 스	042-627-1140
전자우편	eji@ji-hye.com
	ejisarang@hanmail.net
애지카페	cafe.daum.net/ejiliterature
ISBN	979-11-5728-524-2 03810
값	11,000원

이 책의 판권은 지은이와 도서출판 지혜에 있습니다.
양측의 서면 동의 없는 무단 전제 및 복제를 금합니다.

한 현 수

한현수 시인은 전북 전주에서 출생했고, 2008년 시집 『내 마음의 숲』을 발표하며 작품 활동을 시작하였고, 2012년 계간시전문지 『발견』으로 등단했다. 시 전문계간지 『발견』의 편집위원이었으며 한국문화예술위원회의 창작활동 지원금을 받았다(2015). 시집으로 『오래된 말』, 『기다리는 게 버릇이 되었다』, 『눈물만큼의 이름』, 시편 묵상시집으로 『그가 들으시니』가 있다. 현재 분당 야베스가정의학과 원장으로 재직 중이다.

한현수 시인의 『사과꽃이 온다』는 그의 여섯 번째 시집이며, 그는 그의 종교적 상상력을 통하여 우리 인간들을 구원할 수 있는 이상세계를 펼쳐보인다.

사과꽃으로 하늘이 열리고, 사과꽃으로 태양이 떠오르고, 사과꽃으로 구원의 말씀이 쏟아진다. 사과꽃은 전인류의 스승이고, 사과꽃은 전인류의 지혜이고, 사과꽃은 전인류의 양식이다. 사과꽃이 온다. 이 세상에서 가장 맛있고 영양가가 풍부한 사과꽃이 온다.

이메일   lcchan2002@hanmail.net